AF331414

ALPHABET
DES JOUETS

LIVRE D'IMAGES

POUR LES

PETITS ENFANTS

PARIS
LIBRAIRIE DE THÉODORE LEFÈVRE ET C¹ᵉ
ÉMILE GUÉRIN, ÉDITEUR
2, RUE DES POITEVINS

Les bulles de savon

Arche de Noé. — Arbre de Noël. — Ane.

Brouette. — Berceau. — Bateau.

Cuisine. — Cerceau. — Cage.

A B C D E
F G H I J
K L M N O
P Q R S T
U V X Y Z

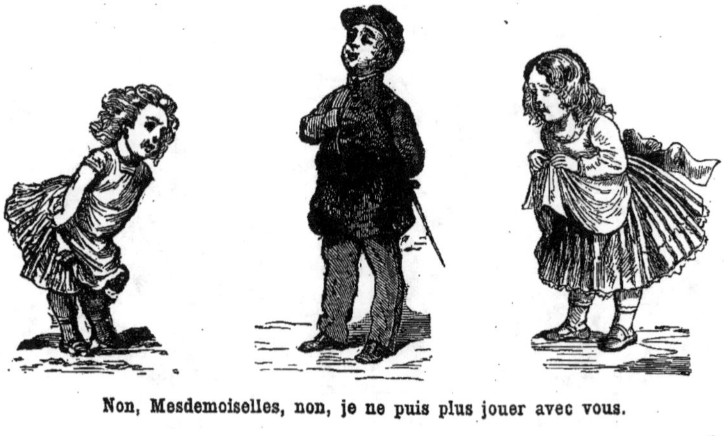

Non, Mesdemoiselles, non, je ne puis plus jouer avec vous.

Dromadaire. — Dada. — Domestique.

Écureuil. — Écurie — Équilibriste.

Folie. — Fort. — Fusil. — Fouet.

a b c d e f
g h i j k l
m n o p q r
s t u v x y z

ba be
bi bo
bu ca
ce ci

Bébé a peur du vilain diable.

co cu da de di do
du fa fe fi fo fu

Groom. — Gâteau. — Guérite.

Harpe. — Hotte. — Hamac

Images.

Bébé faisait trop de bruit.

Bébé fait des pâtés.

ga ge
gi go
gu ka

ke ki ko ku la le
li lo lu ma me mi
mo mu na ne ni no
nu pa pe pi po pu
ra re ri ro ru sa
se si so su ta te
ti to tu va ve vi
zo zu
ni su
po re

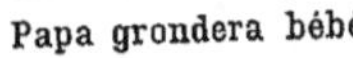

Papa grondera bébé

Jeux. — Jardin.

Képi. — Kaléidoscope. — Kalmouck.

Lanterne magique. — Lion. — Lapin.

Canon

Billard.

tu-be	vi-de	co-de	vi-te
pi-pe	so-le	du-pe	sa-ge
pi-le	ga-re	cu-ve	ri-de
ga-ze	ta-re	no-te	ju-pe
ma-ri	pa-pe	fi-le	co-ke
da-me	la-me	da-te	ra-ve
mo-de	ca-ve	ra-re	lo-lo
ta-pe	ra-de	si-re	vi-de
bi-le	pi-pe	lu-xe	ly-re
mi-di	fa-ce	bo-xe	pa-ri
	ra-ce	ra-me	
	mi-ne	a-mi	
	ri-xe	ju-ge	
	si-te	jo-li	
	ti-re	ra-ge	

M m

Ménagerie. — Mouton. — Marquis.

N n

Niche. — Nourrice. — Nacelle.

O o

Obus. — Ogre. — Omnibus.

ACCENTS

aigu	grave	circonflexe		
é	è	ê	î â ô	
é	dé	fé	pé	
è	nè	sè	bè	
ê	dô	râ	pâ	

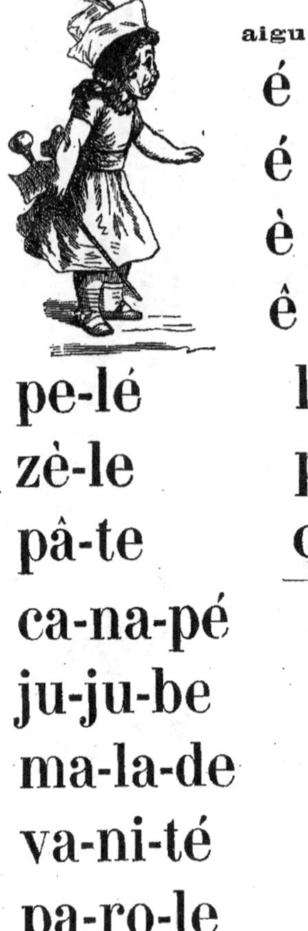

pe-lé   la-vé   cu-ré   dé-jà

zè-le   pè-re   mè-re   fè-ve

pâ-te   cô-te   rê-ve   dô-me

ca-na-pé   mo-dè-le   pi-lu-le

ju-ju-be   mo-dé-ré   vi-pè-re

ma-la-de   pa-na-de   sa-la-de

va-ni-té   bo-bi-ne   fi-gu-re

pa-ro-le   ca-va-le   pi-lo-te

ca-ra-fe   fé-ro-ce   fi-dè-le

ti-ra-ge   na-tu-re

ra-ci-ne   pe-lo-te

na-vi-re   ri-va-ge

gi-ra-fe   é-tu-de

ci-vi-le   ha-bi-le

Polichinelle. — Pâtés.

Quilles.

Raquette. — Rateau.

Il a é-té le mo-dè-le de l'é-co-le
Le jo-li do-mi-no de Jé-rô-me
La pu-re-té de la mo-ra-le
Ca-ro-li-ne a re-vu sa mè-re
Bé-bé a sa-li u-ne i-ma-ge
Le lo-to de la pe-ti-te A-dè-le
A-dè-le a vu la pe-ti-te Cé-li-ne
Lu-ci-le a vu u-ne gi-ra-fe
A-li-ne a a-bî-mé sa ca-po-te
Le ma-la-de a bu le re-mè-de
Le na-vi-re je-té à la cô-te
Ho-no-ri-ne va li-re sa pa-ge
Le pa-va-ge a é-té a-bî-mé
La bo-bi-ne de pe-ti-te mè-re
Le ju-ju-be de la ma-la-de
Le bé-bé de la pe-ti-te Ca-ro-li-ne
Il se-ra fi-dè-le à sa pa-ro-le

Service. - Soldats. - Seau. - Souris.

Tonneau. - Trompette. - Tambour.

Ustensiles. - Uniforme.

V

Vélocipède. — Volontaires. — Volant.

Ho-no-ri-ne fi-ni-ra ma ro-be

U-ne pa-ru-re de ma mè-re

Lu-ci-le a vu la pe-ti-te vi-pè-re

La na-tu-re fa-ci-le de Ca-ro-li-ne

Bo-ni-fa-ce a é-té mo-dé-ré

La fi-dé-li-té de la gi-ra-fe

Le mo-dè-le du ca-na-pé à pa-pa

1 2 3 4 5 6 7 8 9 0

un deux trois quatre cinq six sept huit neuf zéro

11374-10. — Corbeil. Imprimerie Crété.